DE LA MORTALITÉ

DANS LES DIVERS QUARTIERS DE LA VILLE DE PARIS, ET DES CAUSES QUI LA RENDENT TRÈS DIFFÉRENTE DANS PLUSIEURS D'ENTRE EUX, AINSI QUE DANS LES DIVERS QUARTIERS DE BEAUCOUP DE GRANDES VILLES;

PAR L. R. VILLERMÉ,

La publication des *Recherches statistiques sur la ville de Paris et le département de la Seine*, nous a initiés à la connaissance d'une foule de faits qui intéressent l'économie de la société et préparent de nouveaux progrès à notre civilisation. Le rédacteur de ce précieux recueil, M. Villot, ayant adressé, en 1825, à l'Académie royale de médecine, une série de tableaux manuscrits relatifs au mouvement de la population dans les douze arrondissements de cette capitale, pour la période de 1817 à 1821, l'Académie chargea une commission de lui en rendre compte et je fus le rapporteur de cette commission (1).

___

(1) Les autres membres étaient MM. Des Genettes, Desmares, Esquirol, J.-H. Fourier, de l'Académie des Sciences, Jacquemin et Yvan.

Les tableaux soumis à notre examen ont été insérés depuis dans le troisième volume des Recherches Statistiques sur Paris, année 1826, sous les numéros 42 à 50.

C'est en grande partie le travail que je fis alors que je vais reprendre, en l'étendant aux cinq années suivantes, 1822—1826, dont les résultats du mouvement de la population ont été réunis dans une suite de tableaux qu'on trouve dans le volume des *Recherches statistiques sur Paris*, qui vient d'être publié (1).

J'ai considéré, dans mon premier travail, chaque arrondissement de Paris, comme formant une ville distincte; c'est encore ce que nous allons faire. Quoique les habitants d'un arrondissement passent facilement dans un autre, cette manière d'examiner la mortalité est très applicable à notre objet; car ce sont presque toujours des individus des mêmes classes, des individus d'occupations pour ainsi dire analogues et qui sont dans le même état de richesse, d'aisance ou de misère, qui se remplacent dans les mêmes quartiers.

Les tableaux dont l'examen va nous occuper font connaître, non-seulement les décès à domicile, mais encore les décès dans les hôpitaux et les hospices. Interrogeons avec soin ces tableaux, rapprochons les uns des autres les faits qu'ils expriment, et suppléons, par des éclaircissements, par des remarques, par des observations, par des développements, à l'aridité des chiffres dont ils se composent.

Voyons d'abord la mortalité à domicile.

Je pense qu'il serait peu utile de dire ici les nombres annuels des décès; on les trouvera d'ailleurs à

---

(1) Voir les tables numéros 51 à 63, du IVème vol. Paris, 1829.

la fin de ce mémoire. Ce qui nous importe surtout est leur proportion.

Rapportée, pour la période de 1817 à 1821, à la population, telle que celle-ci a été trouvée par un recensement en 1817, et, pour la période de 1822 à 1826, à la population de cette dernière année non recensée, mais évaluée à l'aide d'une méthode que nous examinerons plus loin, la mortalité moyenne annuelle à domicile a été, savoir:

ARROND.	QUARTIERS.	PROPORT. DES DÉCÈS.	
		Période de 1817 à 1821.	Période de 1822 à 1826.
Dans le		1 sur...hab.	1 sur hab.
2e	Chaussée-d'Antin, Palais-Royal, Feydeau, et faub. Montmartre.	62	71
3e	Montmartre, faub. Poissonnière, Saint-Eustache et Mail.	60	67
1e	Roule, Champs-Élisées, place Vendôme et Tuileries.	58	66
4e	Saint-Honoré, Louvre, Marchés et Banque.	58	62
6e	Porte St.-Denis, St.-Martin des Champs, Lombards et Temple.	54	58
5e	Faubourg St.-Denis, Porte St.-Martin, Bonne-Nouvelle et Montorgueil.	53	64
7e	Sainte-Avoie, Mont-de-Piété, Marché St.-Jean et Arcis.	52	59
11e	Luxembourg, École de Médecine, Sorbonne et Palais de Justice.	51	61

10e Monnaie, St. - Thomas - d'A-quin, Invalides et faub. St.-Germain.	50	49
9e Ile St.-Louis, Hôtel-de-Ville, Cité et Arsenal.	44	50
8e St. - Antoine, Quinze -Vingts, Marais et Popincourt.	43	46
12e Jardin du Roi, St.-Marcel, St.-Jacques et Observatoire. . . .	43	44
Et dans tout Paris. . . .	51	56

Ainsi, la proportion des décès se montre très sensiblement moindre durant la seconde période que durant la première. Nous reviendrons sur ce fait. Ce qui importe surtout à notre objet actuel, c'est que, pour les deux périodes, les arrondissements se rangent à la suite l'un de l'autre à peu près dans le même ordre. Du moins c'est exactement de même pour les arrondissements où l'on observe la plus petite et la plus forte mortalité.

Mais les différences si considérables que nous remarquons ici entre les divers arrondissements, ne seraient-elles pas dues à des causes accidentelles? La réponse à cette question est dans un tableau que j'ai dressé, et qui fait voir que les différences dont il s'agit se reproduisent chaque année, et que l'ordre que je viens d'assigner aux arrondissements de Paris, est justement, avec des oscillations auxquelles on devait s'attendre, l'ordre suivant lequel la mortalité a toujours augmenté.

Décès à domicile dans les douze arrondissements de Paris.

ARROND.	Périodes de 1817 à 1821. Décès rapportés à la population de 1817, telle qu'elle a été trouvée par le recensement : 1 décès sur ... habitans.					Périodes de 1822 à 1826. Décès rapportés non à la population recensée, mais à la population évaluée pour 1826 : 1 décès sur ... habitans.					ARROND.
	en 1817.	en 1818.	en 1819.	en 1820.	en 1821.	en 1822.	en 1823.	en 1824.	en 1825.	en 1826.	
1er	66.05	63.45	55.38	58.00	50.83	69.87	69.52	72.13	67.38	64.49	1er
2e	64.21	63.05	62.36	62.91	59.31	75.46	75.79	78.58	64.80	65.48	2e
3e	67.04	59.07	57.80	56.95	61.24	59.26	67.04	74.15	67.15	74.92	3e
4e	59.75	54.35	59.30	59.98	58.34	60.86	60.58	66.85	54.65	65.62	4e
5e	60.31	49.64	51.91	53.67	51.29	72.61	64.77	65.75	60.62	63.87	5e
6e	62.85	50.65	52.41	51.85	52.26	65.19	55.92	60.20	55.10	56.31	6e
7e	56.61	52.09	50.66	51.89	47.46	59.55	62.05	52.52	52.94	58.95	7e
8e	45.97	45.83	41.56	43.48	38.47	55.90	46.58	53.59	41.64	41.83	8e
9e	45.27	43.60	44.25	45.07	39.95	54.37	51.86	59.55	43.88	53.02	9e
10e	57.54	48.61	44.64	50.03	48.15	56.01	56.25	62.07	53.12	55.91	10e
11e	52.54	52.31	49.32	55.26	49.29	66.07	58.28	69.28	54.69	62.73	11e
12e	46.90	41.67	43.71	42.85	38.76	54.71	50.51	54.19	43.34	47.19	12e
Moyennes Générales Annuelles.	58.60	53.27	52.34	54.02	50.44	62.88	58.96	63.78	52.49	56.91	

Ainsi, l'action de causes constantes, qui agissent toujours dans le même sens et l'emportent sur les causes d'irrégularité, est trop évidente ici pour qu'on puisse se refuser à l'admettre.

On remarque sur ce tableau, comme sur le précédent, entre les deux périodes quinquennales dont il offre les résultats, une très grande différence pour la proportion des décès. On s'explique en grande partie cette différence, parce qu'on rapporte les morts à la population de 1817, pour la première période; pour la seconde, à la population de 1826; et que, dans cet intervalle de neuf années, la population de Paris s'est continuellement accrue (1). Voilà pourquoi la mortalité paraît avoir été plus forte à la fin de chacune des deux périodes qu'au commencement, et pourquoi aussi elle doit être estimée un peu trop haut pour la première et pas assez pour la seconde.

Maintenant, on se demande quelles sont les causes qui semblent assigner à chaque quartier de Paris un degré particulier de salubrité, qui font que dans tels arrondissements il meurt à domicile, chaque année, moins d'un soixantième des habitants, tandis que dans tels autres arrondissements c'est plus d'un cinquantième.

L'éloignement ou le voisinage de la Seine doit-il être compté au nombre de ces causes?

D'une part, les arrondissements les plus éloignés du fleuve, les 2e, 3e, 5e tout entiers, et le 8e, pour la presque totalité de sa population, nous offrent, les

---

(1) Population totale recensée en 1817.   713,966
Population évaluée pour 1825.   890,431

Différence.   176,465

2ᵉ et 3ᵉ, le *minimum* des décès; le 5ᵉ, une mortalité assez faible, et le huitième, la plus forte mortalité (1). D'une autre part, les 4ᵉ et 9ᵉ arrondissements, et le 10ᵉ, dont une grande partie occupe les bords de la rivière, nous présentent : le 4ᵉ, très peu de décès; le 9ᵉ, un nombre très considérable, et le 10ᵉ une mortalité assez forte. Les autres arrondissements n'ont point, par rapport à la Seine, de situation bien déterminée.

Ainsi, l'éloignement et le rapprochement du fleuve n'a pas, sur la mortalité dans Paris, une influence bien sensible, du moins lorsqu'on compare entre eux les arrondissements entiers : toutefois, les faits porteraient à croire que le voisinage du fleuve est une circonstance fâcheuse; mais nous verrons plus loin que les quais de l'île Saint-Louis comptent, proportion gardée, bien peu de décès, de sorte, qu'en définitive, l'influence de la rivière est à peine marquée, ou même nous échappe.

La nature du sol, son abaissement à l'est et à l'ouest, ou vers l'entrée et la sortie de la Seine, les hauteurs qui limitent Paris au nord et au midi, l'exposition particulière à certains quartiers, les eaux diverses dont on fait usage, en un mot, toutes les circonstances qui peuvent modifier en quelque chose le climat général de la ville dans une de ses parties; y apportent-elles, ainsi qu'on l'a tant de fois affirmé, des différences dans la mortalité?

---

(1) Le 8ᵉ arrondissement borde réellement la Seine; mais sans avoir pour cela, à bien dire, des maisons qui l'avoisinent.

A l'exception des Champs-Elysées, des parties éloignées des faubourgs et des jardins, le sol de Paris est partout ou presque partout formé, à sa surface, d'une croûte plus ou moins épaisse de débris de démolition, de terres rapportées, qu'un pavé recouvre encore entre les maisons. Conséquemment on ne peut attribuer à la nature différente du sol de tel ou tel arrondissement, une influence particulière (1).

Si l'abaissement du sol vers l'entrée et la sortie de la Seine, ou le long du cours et à une certaine distance de ce fleuve, a une influence réelle sur la mortalité, elle n'est pas appréciable. Les résultats des 1er 4e, 7e, 9e et 10e arrondissements, dont le sol est le plus bas, en offrent la preuve.

Il en est de même des quartiers les plus élevés, car le *minimum* des décès a lieu dans le 2e arrondissement, et leur *maximum* dans le 12e.

L'étroitesse de la plupart des rues, leurs sinuosités et la hauteur des maisons, font qu'il n'y a point véritablement d'aspect bien dominant pour les habitations. Toutefois, les jardins multipliés du 8e arrondissement, la largeur, la direction de ses rues

(1) On le peut d'autant moins que ce sol exploré dans une foule d'endroits n'a montré jusqu'ici des restes ou dépôts de voieries que dans les lieux actuellement pavés où il existe une croûte de terres rapportées et de débris de démolition, épaisse au moins de cinq pieds : telles sont, sur la rive gauche de la Seine, la butte Saint-Hyacinthe, et sur la rive droite les buttes des Moulins, Nôtre-Dame-de-Bonne-Nouvelle, et de la rue Meslay. (*Renseignemens communiqués par M.* GIRARD, *ingénieur en chef des ponts-et-chaussées du département de la Seine.*)

principales, font que les vents d'est y arrivent avec violence; et que les logements y reçoivent plus que dans les autres quartiers, les rayons du soleil levant. Or, une pareille exposition passe assez généralement pour être la plus salubre, et pourtant c'est le 8.e arrondissement qui, avec le 12e, nous offre le *maximum* des décès. D'une autre part, l'exposition au couchant est regardée comme la moins favorable, et le 1.er arrondissement qui la présente plus que tous les autres, a une très faible mortalité.

Ce que nous venons de dire prouve que si les vents d'est ou d'ouest, qui se précipitent, sans presque rencontrer d'obstacles dans les rues principales des 1er et 8e arrondissements, ont l'influence qu'on leur attribue sur la santé, d'autres causes agissent en sens inverse et ne permettent pas de la reconnaître. Il en est de même, pour le reste de Paris, de l'influence de tous les rhumbs de vents, dont les courans sont d'ailleurs réfléchis ou brisés par les maisons: ce n'est guère que sur les quais qui bordent la Seine, qu'on les sent bien, c'est-à-dire, dans les quartiers où nous avons reconnu et une très-forte et une très-faible mortalité.

Beaucoup de rues principales de Paris étant à-peu-près parallèles à la Seine, ou bien, au contraire, perpendiculaires au cours de ce fleuve, on pourrait penser que ces deux directions croisées des courants atmosphériques, ont une heureuse influence sur la santé d'un grand nombre d'habitants; mais aucune observation ne l'a encore montré, que nous sachions du moins, et il n'est pas mieux prouvé, malgré mainte assertion, que les montagnes de Belleville et de Montmartre soient salutaires aux habitants des quartiers qu'elles préservent de l'impétuosité des vents du nord. Nous ajoutons même que, comme cela résulte d'ailleurs des recherches de M. Parent-Duchâtelet, l'influence des vents infects qui passaient sur la voirie de Montfaucon, avant qu'on ne l'éloignât, ne paraît pas avoir été fâcheuse pour les quartiers de Paris les plus voisins de cette voirie, et où ils soufflaient le plus souvent; car ces quartiers sont ceux des 3°, 5° et 6° arrondissements.

Nous ne découvrons donc pas, dans la disposition des lieux et dans les circonstances météorologiques, les causes des différences que présente la mortalité dans les divers arrondissemens de Paris. Voyons s'il n'en existe point dans les eaux à l'usage des habitants.

Ces eaux sont fournies par la Seine, par l'aqueduc d'Arcueil, par le canal de l'Ourcq et par les sources de Belleville, de Ménilmontant et des Prés-Saint-Gervais. Les dernières, qui sont les plus chargées de sels et passent pour être les moins bonnes, alimentent une partie des 3°, 5° et 6° arrondissements. Viennent ensuite, pour la quantité des sels, les eaux d'Arcueil qui étaient très estimées autrefois et que des conduits portent dans les trois arrondissemens de la rive gauche de la Seine, mais surtout aux 12° et 11°; puis les eaux du canal de l'Ourcq, qui se distribuent aux 3°, 5°, 6°, 8° et 9° (1) arrondissements. Enfin, l'eau de la Seine, la plus légère, la plus pure et la meilleure, alimente tout le voisi-

(1) Dans l'île Saint-Louis.

nage de cette rivière, et l'on peut dire les trois-quarts de Paris; aux extrémités les plus éloignées duquel elle est distribuée au moyen de tuyaux, ou transportée dans des tonneaux.

On ne trouve donc pas dans les eaux la cause des différences qui nous occupent.

L'opinion générale est que plus une population est dense, plus sa mortalité est forte; et cette opinion est fondée sur l'observation que les décès sont proportionnellement plus nombreux dans les grandes villes que dans les petites, et dans les petites villes que dans les campagnes. On en a conclu que l'agglomération des maisons, l'étroitesse des rues, sont des causes d'insalubrité; et que les hommes corrompent mutuellement l'air qu'ils respirent. L'accord unanime des médecins sur ce fait, nous impose l'obligation de l'examiner ici avec le plus grand soin. D'ailleurs, la comparaison des quartiers où les habitants sont, pour ainsi parler, entassés les uns sur les autres, avec les quartiers où ils sont le plus éparpillés, doit le bien mettre en évidence.

Il m'a été communiqué dans les bureaux de la Préfecture du département de la Seine, des documents qui éclairent ce point capital (1). Ils m'ont mis à même de déterminer, pour chaque arrondissement de Paris, la densité moyenne de la popu-

---

(1) Ces documents sont un résumé des opérations du cadastre dans chacun des douze arrondissements de Paris. (*Voir, à la fin le tableau* n° 2.) Le cinquième volume des *Rech. Statistiq.* sur cette capitale, en donnera, assure-t-on, les détails.

lation, telle qu'elle était en 1817, première époque à laquelle s'appliquent mes calculs.

Si d'abord nous rapportons la surface occupée par les bâtiments, aux surfaces réunies des rues, places, jardins et autres terrains, le corollaire de cette opération est l'agglomération comparative des maisons, que j'exprime ainsi :

Pour le 5e arrondissement. Les 0,46 du territoire.

Le 8e . . . . 0,46.
Le 10e . . . . 0,53.
Le 3e . . . . 0,55.
Le 11e . . . . 0,55.
Le 1er . . . . 0,57.
Le 4e . . . . 0,59.
Le 9e . . . . 0,60.
Le 6e . . . . 0,62.
Le 12e . . . . 0,64.
Le 2e . . . . 0,75.
Le 7e . . . . 0,82.

Ces proportions, rapprochées de la mortalité des arrondissements correspondants, montrent que, du moins dans l'état actuel de Paris, et avec la police hygiénique actuelle, la largeur des rues, les places, les jardins, les plantations, ne servent pas, autant qu'on le croit, à la salubrité de plusieurs quartiers; car des arrondissements qui ont le plus de décès figurent parmi ceux dont les rues, les jardins, les places, sont les plus étendus, et *vice versâ.* Pourtant ne rejetons point, comme dénuée de tout fondement, l'opinion née des découvertes et des expériences de Priestley, de Ingenhousz, de Sennebier, et admise par tant de savants, que la végétation épure l'atmosphère par l'exhalation du gaz oxygène et par l'absorption du gaz acide carbonique ; mais on a singulièrement exagéré, sous ce rapport, l'influence du voisinage des arbres et des autres plantes.

Venons maintenant aux rapports de la population avec la seule superficie du sol qui est occupé par les bâtiments et cours, en faisant abstraction des rues, places, jardins, etc. En voici le tableau également pour 1817 (1).

Arrondissements.	Superficie moyenne du sol qu'occupe chaque individu, exprimée en mètres carrés.		
Dans le 1er.	$64 \frac{51}{100}$	5e.	$18 \frac{65}{100}$
8e.	$46 \frac{83}{100}$	9e.	$16 \frac{47}{100}$
12e.	$36 \frac{98}{100}$	3e.	$15 \frac{31}{100}$
10e.	$46 \frac{24}{100}$	6e.	$12 \frac{74}{100}$
2e.	$25 \frac{87}{100}$	7e.	$10 \frac{61}{100}$
11e.	$21 \frac{87}{100}$	4e.	$6 \frac{56}{100}$

Six mètres et demi ou environ, terme moyen, pour la place de chaque individu d'une population de plus de 46,000 habitants, quel encombrement cela ne suppose-t-il pas dans les logements des pauvres qui habitent le 4e arrondissement, surtout lorsqu'on sait que sur 100 locations il y en a 72 de gens riches ou plus ou moins aisés qui occupent tous ou presque tous un plus grand espace !

(1) J'ai compris dans la population, les militaires, les gens logés dans les hôtels garnis et chez les logeurs, les malheureux détenus dans les prisons, et les pauvres des hospices, non des hôpitaux.

Si nous faisions entrer dans le calcul la considération des étages, nous trouverions que chaque habitant répond dans tous les arrondissements à une bien plus grande surface que celle que nous avons reconnue; mais alors il faudrait compter jusqu'à 3, 4, et même 5 ou 6 individus logés l'un dessus l'autre lorsqu'on s'avance vers le centre de Paris.

En rapprochant la mortalité à domicile de l'espace accordé à chaque individu, nous voyons pour la période de 1817 à 1821, la seule à laquelle s'applique le tableau précédent de la superficie du sol qu'occupe chaque individu; nous voyons, dis-je, que la proportion moyenne annuelle des décès est de 1 sur 51½ dans les arrondissements où l'espace dont il s'agit est le plus grand, et sur 53½ dans les autres arrondissements. Enfin nous voyons aux deux extrémités du tableau de la superficie du sol qui répond au logement d'un habitant, deux arrondissements où la mortalité à domicile est la même, et, parmi les trois arrondissements qui offrent cette superficie la plus considérable, les 8e et 12e, qui sont ceux où l'on observe le *maximum* des décès.

En preuve que la mort ne moissonne pas plus d'habitants de Paris, dans les quartiers où ils sont logés à l'étroit que dans ceux où ils le sont au large, je citerai encore un rapport fait au préfet du département de la Seine, sur les constructions entreprises dans cette capitale depuis 1821 jusqu'à 1827 (1), duquel il résulte que l'étendue superficielle de cha-

_____

(1) V. ce rapport à la fin du Ve vol. des *Rech. statist. sur Paris.*

que arrondissement (déduction faite des Tuileries, des Champs-Élisées, du Jardin du Roi, du Luxembourg, de l'Esplanade des Invalides, du Champ de Mars, etc., non des rues ni des jardins particuliers), donnait d'espace pour chaque personne, termes moyens, en 1817 et 1827, savoir:

Arrondiss.	an. 1817.	an. 1827.
Dans le 1er	99 mètres.	81 mètres.
8e	97	84
10e	61	50
12e	53. 6.	49. 1
5e	38. 8.	26
11e	38	29
2e	35	29. 2
3e	29. 5.	23. 3
9e	24	18
6e	19. 8.	15. 9
7e	13. 2.	10
4e	12	10. 8

Ce qui range très sensiblement, pour 1817, les arrondissements dans le même ordre que je les ai placés d'après la seule superficie du sol qui répond à un individu dans les maisons, quoique l'auteur du travail que je cite n'ait pas fait abstraction des rues. Ses calculs, conséquemment, confirment les miens et mes déductions pour la période de 1817 à 1821.

C'est encore de même pour la période de 1822 à 1826: la mortalité moyenne annuelle à domicile des six arrondissements où la population a le plus d'espace, est d'un sur 57 et dans les six où elle en a le moins, d'un sur 52 et demi.

Enfin, ce qui achèvera, pour beaucoup de personnes, de lever tous les doutes que l'on pourrait avoir encore, c'est que la population de Paris, qui s'est constamment accrue depuis 1817, du moins jusqu'à 1826, se trouve partout aujourd'hui logée beaucoup plus à l'étroit qu'elle ne l'était alors; et la proportion, soit des décès à domicile, soit des décès totaux, a été sensiblement moins forte durant la période de 1822 à 1826 que durant celle de 1817 à 1821 (1).

Certes, on n'aurait point prévu de pareils résultats. On doit en conclure que si l'agglomération de la population augmente sensiblement la mortalité, c'est, comme le prouve d'ailleurs l'exemple des équipages de navires, seulement dans certaines conditions.

La propreté ou la malpropreté, les vêtements, les aliments, les boissons, etc., sont d'autres conditions dont il nous importerait beaucoup de connaître l'influence; et qui, suivant qu'elles sont bonnes ou mauvaises, doivent contribuer certainement à entretenir la vie ou bien à l'abréger. Rien ne semble plus difficile que d'avoir sur toutes ces circonstances des données comparatives, sinon exactes, du moins approchées de l'exactitude dans tous les arrondissements. Néanmoins on possède des documents positifs qui indiquent le degré soumis au calcul de toutes les conditions dont il s'agit. Ces documents, publiés par l'administration, ramènent à 100 toutes les loca-

___

(1) Toutefois, la valeur de ce dernier résultat sera discutée plus loin.

tions de chaque arrondissement, et font voir combien, sur ce nombre, il y en a qui ne paient aucun impôt, combien sont imposées à la seule contribution personnelle, et combien à la patente (1). Les locations non imposées représentent les pauvres, et les autres les gens plus ou moins aisés. Le rapport des premières aux secondes a pour corollaire la richesse relative des habitants des douze arrondissements pris chacun en masse; et comme en définitive la nourriture, le vêtement, la propreté, sont en raison de la fortune, celle-ci les représente assez fidèlement. Or, si nous rapprochons de la proportion des locations non imposées ou des locations tenues par les familles pauvres, les résultats qui se sont offerts à M. Villot par la recherche des décès à domicile, nous trouvons:

ARROND.	Locations non imposées.	Décès à Domicile.	
		Période de 1817–1821	Période de 1821–1826
		1 sur...	1 sur...
3e	0,07	62	71
2e	0,11	60	67
1er	0,11	58	66
4e	0,15	58	62
11e	0,19	51	61
6e	0,21	54	58
5e	0,23	53	64
7e	0,22	52	59
10e	0,23	50	49
9e	0,31	44	50
8e	0,32	43	46
12e	0,38	43	44

Un résultat bien remarquable de cet ordre des arrondissements de la ville de Paris, d'après l'accrois-

---

(1) Voyez *Recherches statistiques sur Paris*, tome 2, tabl. n. 102.

sement du nombre de leurs locations non imposées,
c'est-à-dire de leurs pauvres, c'est qu'ils se rangent
très sensiblement aussi à la suite l'un de l'autre, à
une seule exception près pour chaque période, dans
l'ordre suivant lequel la mortalité s'accroît (1).

Donc la richesse, l'aisance, la misère sont, dans
l'état actuel des choses, pour les habitants des divers arrondissements de Paris, par les conditions

---

(1) Je ne saurais assigner avec certitude toutes les causes des deux
exceptions dont il s'agit, mais je sais, relativement à celle de la première période, que beaucoup de personnes, qui sont dans le déclin
de la vie, abandonnent les autres quartiers, pour se retirer dans ceux
de l'École de Médecine, de la Sorbonne, mais plus encore dans celui
du Luxembourg, où elles forment plusieurs communautés ; et je
trouve, en jetant les yeux sur le tableau n° 5, du premier volume
des *Recherches statistiques sur Paris*, que le onzième arrondissement
est, des douze en lesquels se divise la ville, celui qui offre très sensiblement la plus forte proportion d'habitants âgés de plus de cinquante
ans, et surtout d'habitants âgés de plus de soixante ans. Le contraire
se remarque justement dans les trois premiers arrondissements, ce
qui expliquerait aussi en partie pourquoi la mortalité y est compara-
tivement si faible. Ajoutons que le petit nombre des enfants au-dessous de cinq ans qu'on garde dans cette capitale, et la grande quantité
des étrangers qui y arrivent dans la vigueur de la vie, pour retourner
chez eux après un certain nombre d'années, font que la salubrité générale de Paris est réellement moins grande que ne l'indique la proportion des décès.

Quant à l'exception fournie par le cinquième arrondissement pendant la période de 1821 à 1826, des considérations dans lesquelles
j'entrerai bientôt ne permettent point de leur accorder beaucoup
de valeur.

Enfin, si l'on range les douze arrondissements de Paris d'après la
valeur moyenne d'une location, on aperçoit encore tout de suite que
la différence qui existe entre les divers arrondissements sous le rapport de la richesse des habitants, est bien la cause de la différence qui

dans lesquelles elles les placent, les principales causes (je ne dis pas les causes uniques) auxquelles il faut attribuer les grandes différences que l'on remarque dans la mortalité. C'est une vérité qu'il me suffit ici d'avoir établie ; je ne veux point la suivre dans toutes ses conséquences sous le rapport de la médecine, encore moins nous en occuper d'une manière quelconque sous les rapports de la morale et de l'économie publique.

Mais comme il y a deux sortes de richesses, la richesse qui ne produit rien, et la richesse qui produit, que l'industrie sait partager pour l'accroître, j'ai été curieux de savoir si elles ont une influence également heureuse sur la durée de la vie :

Si à l'aide des documents authentiques dont il a été parlé, nous rapprochons le nombre des loca-

existe aussi sous le rapport de la mortalité. Le tableau suivant en offre la preuve.

Arrondissements.	Valeur moyenne d'une location.	
2e	604 fr.	99 cent.
1er	497	80
3e	425	81
4e	328	55
10e	285	41
11e	257	62
6e	242	13
5e	225	70
7e	217	46
8e	174	86
9e	172	4
12e	147	62

Voir les Rech. statist. sur Paris, tome 5, table n. 105.

tions imposées à la contribution personnelle seulement (lesquelles représentent les gens qui vivent avec leurs seuls revenus ou avec les gains d'un art qui n'est point soumis au droit de patente, c'est-à-dire la richesse improductive), de la proportion des décès à domicile; et si, d'un autre côté, nous faisons la même opération pour le nombre des locations imposées à la patente, (lesquelles représentent les marchands, les commerçants, les fabricants, les entrepreneurs, les directeurs des travaux, etc.), en ayant soin de faire abstraction de ceux dont la patente n'excède pas 3o francs, parce que beaucoup de ces petits patentés sont dans une grande gêne, que d'ailleurs ils exercent par eux-mêmes toute leur industrie, n'emploient personne, et qu'ils rentrent pour la plupart dans la classe des simples artisans, nous trouvons, sur cent locations totales, savoir :

1o Pour les locations imposées à la seule contribution personnelle :

| | | Décès à domicile. | |
Arrondiss.	Locat. imposées à la seule contri- but. personnelle.	Période de 1817 à 1821.	Période de 1822 à 1826.
		sur...	sur...
1er	0,49	58	66
10e	0,46	50	49
2e	0,46	62	71
11e	0,39	51	61
3e	0,58	60	67
7e	0,29	52	59
5e	0,28	55	64
9e	0,26	44	50
8e	0,25	43	46
4e	0,23	58	62
6e	0,20	54	58
12e	0,19	43	44

2° Et pour les locations imposées à la patente :

Arrondiss.	Locat. imposées à une patente de plus de 50 fr.	Décès à domicile.	
		Période de 1817 à 1821.	Période de 1822 à 1826.
		1 sur...	1 sur...
4ᵉ	0,49	58	62
2ᵉ	0,47	62	71
6ᵉ	0,45	54	58
3ᵉ	0,44	60	67
5ᵉ	0,36	53	64
1ᵉ	0,35	58	66
7ᵉ	0,55	52	59
11ᵉ	0,32	51	61
8ᵉ	0,31	45	46
9ᵉ	0,30	44	50
12ᵉ	0,29	43	44
10ᵉ	0,24	50	49

Pour les six premiers arrondissements : $57\frac{1}{2}$ (1817 à 1821), $64\frac{4}{6}$ (1822 à 1826). Pour les six autres : $47\frac{1}{6}$ (1817 à 1821), $51\frac{1}{2}$ (1822 à 1826).

C'est-à-dire que la mortalité annuelle à domicile est bien moins forte, durant l'une et l'autre période, dans les six arrondissements où l'on compte le plus d'habitants qui vivent de leurs seuls revenus, et dans les six arrondissements où il y a le plus de commerce et de négoce, que dans les autres. La différence est surtout marquée entre les arrondissements où il y a beaucoup de patentes et ceux où il y en a le moins. C'est sans doute parce que les hauts patentés emploient un grand nombre de personnes auxquelles ils procurent, avec de l'occupation, plus ou moins d'aisance, et que d'ailleurs ils sont plus nombreux que les propriétaires de revenus de terres ou de rentes, imposés à la seule contribution personnelle. Les six premiers arrondissements dans l'ordre de la patente sont, à une seule exception près, qui s'observe pour la période de 1822 à 1826, les six derniers dans l'ordre de la mortalité; et parmi les six premiers, dans l'ordre de la contribution personnelle, trois seulement offrent, durant chaque période, le *minimum* des décès. L'induction à laquelle ceci conduirait, c'est que, à Paris, la haute industrie, le haut commerce, servent mieux la santé publique que la richesse improductive. Toutefois, je n'ose rien affirmer à cet égard.

M. Villot a déterminé les décès des deux sexes, en les rapportant au nombre des individus de chacun, lors du recensement de 1817. Les résultats de cette partie de son travail sont:

Que pour tout Paris, sur 100 habitants on en comptait $46 \frac{45}{100}$ du sexe masculin; $53 \frac{55}{100}$ du sexe féminin, et que sur 100 décès à domicile, il y en a eu, durant chacune de nos deux périodes, 47 aux dépens du premier sexe, et 53 aux dépens du second.

Quant aux arrondissements où, pour les décès, les rapports des sexes ne sont pas ceux qu'a donnés la population, la tendance que montrent les résultats d'une période, se trouve détruite par les résultats de l'autre. Toutefois, il est mort pendant les deux périodes, dans les 2e, 3e, 10e, 11e arrondissements, proportion gardée, plus d'hommes que de femmes, surtout dans le second arrondissement.

Je ne prétends point rendre raison de l'inégale répartition des décès entre les deux sexes dans les divers arrondissements de Paris; mais je ferai remarquer, relativement aux arrondissements où les décès des hommes sont proportionnellement plus nombreux, que les 2e et 3e sont des quartiers de banque, de spéculation auxquelles les femmes restent étrangères; que le 10e arrondissement, le second pour les locations imposées à la seule contribution personnelle, se trouve le dernier pour le commerce; et que dans le 11e on compte proportionnellement plus de vieillards que dans les autres.

Nous voici maintenant arrivés au moment de faire une remarque importante.

La population de 1817, à laquelle les décès de la première période sont rapportés doit être considérée pour cette année là comme exacte: elle résulte d'un dénombrement. Mais il n'en est pas de même de la population attribuée à 1826, à laquelle on a rapporté les décès de la seconde période: on l'a établie, non par un recensement, mais par un calcul dont il faut examiner la valeur.

Le ministre de l'intérieur ayant demandé que l'on suppléât à un recensement, par une évaluation qui aurait pour base le rapport du nombre des naissances à la population, on a fait cette évaluation à l'aide des naissances de 1825, en supposant qu'elles avaient suivi la même proportion qu'en 1817; d'où il résulterait, à raison d'une différence totale de 5494 naissances, un accroissement pour la population de 1825, de 176,465 personnes, ou environ 0,25 relativement à 187(1). Ensuite, on a réparti cette augmentation de population entre les douze arrondissements, d'après l'excédant de leurs naissances à domicile en 1825, sur les mêmes naissances en 1817. Enfin, on a admis, tout-à-fait gratuitement et contre toute vraisemblance, pour tenir compte des nais-

(1) Voy. la note de la pag. 318.

sances dans la maison d'accouchement qui appartiennent à chaque arrondissement, qu'ils y avaient tous également contribué, eu égard au nombre de leurs naissances à domicile (1).

Je viens de dire que *très vraisemblablement*, les divers arrondissements de Paris ne fournissent pas dans une proportion égale, relativement à leur population, des naissances à la maison d'accouchement. J'aurais pu l'affirmer; car il est bien certain que plus de femmes des quartiers pauvres que des quartiers riches, beaucoup plus de femmes, par exemple, de la place Maubert que de la place Vendôme, vont, proportion gardée, faire leurs couches dans cet hospice.

Bien certainement, le judicieux rédacteur des *Recherches statistiques sur la ville de Paris et le département de la Seine*, n'a pas cru que l'évaluation de la population de cette capitale pour 1826, fût exacte, mais il a dû se conformer, même pour les bases du calcul, à l'ordre qui était signé du ministre (2).

La preuve d'ailleurs qu'on ne saurait estimer le nombre des habitants d'un pays quelconque, à une époque donnée, par le rapport, observé huit ou neuf ans auparavant, des naissances d'une seule année à la population de cette même année, se

_____

(1) Voy. dans le 4ᵉ vol., des *Recherches statistiques sur Paris*, les tabl. nᵒˢ 51, 52 et 53, et les Observations qui les suivent.

(2) S'il était besoin d'appuyer ici ce que je dis de l'opinion de M. Villot, relative à l'évaluation dont il s'agit, cette phrase de l'*Introduction*, au volume lui-même où se voit cette évaluation : « Si » l'on voulait conclure du nombre annuel des naissances, l'accrois- » sement de la population..., on s'exposerait aux plus graves er- » reurs, (Voy. pag. lij). » le justifierait.

trouve dans le tableau suivant, dans lequel je multiplie les naissances de chacune des dix années qu'il comprend par un même multiplicateur.

Années.	Naissances totales en France.	Population évaluée en multipliant les naissances par $3 \frac{70}{100}$ (1).
1817.	944,125.	30,872,887.
1818.	913,855.	29,883,058.
1819.	987,918.	32,304,918.
1820.	958,933.	31,357,009.
1821.	963,358.	31,501,806.
1822.	972,789.	31,810,429.
1823.	964,021.	31,523,486.
1824.	984,152.	32,181,770.
1825.	973,986.	31,851,545.
1826.	993,191 (2).	52,477,346.

Ainsi, en admettant que les états officiels de la population en France, telle que la donnent les dernières ordonnances du Roi (3), ont tous été dressés d'après les bases adoptées pour le département de la Seine, c'est-à-dire en prenant les naissances de 1825 et en les multipliant par le rapport exactement connu des naissances d'une année antérieure (celle du dernier recensement) à la population de cette même année, et en admettant par conséquent, comme on l'a fait pour évaluer la population de Paris, pour 1826, que le rapport des naissances à la population est constant; en faisant,

---

(1) Rapport des naissances de 1825 à 31,851,545, population donnée par l'Ordonnance du Roi, du 23 mai 1827.
(2) V. les Annuaires du Bureau des Longitudes.
(3) Du 15 mars et du 23 mai 1827.

dis-je, ces suppositions, la France entière aurait vu sa population diminuer de 990,829 personnes en 1818, s'accroître de 2,422,860 en 1819, diminuer de 947,908 en 1820, etc.

On suppose, par le tableau précédent que l'évaluation de la population a eu lieu de la même manière dans tous les départements de la France. Ce n'a pourtant point été tout-à-fait ainsi. Les détails suivants, que j'emprunte à un excellent écrit, publié depuis la rédaction de mon mémoire, par un administrateur qui était à même de bien connaître les faits, nous apprendront si le dernier chiffre de la population générale de la France, celui de 1826, quoique sanctionné par une ordonnance royale, peut, ou non, n'être pas beaucoup erroné. Voici ces détails :

« L'importance de cette opération (le dénombre- » ment de la population), est si mal comprise, » même au ministère de l'intérieur, qu'en 1826,... » les instructions ministérielles défendaient de pro- » céder par la voie du recensement individuel, seul » moyen d'arriver à la connaissance de la vérité, et » prescrivaient de se borner à consulter les rôles des » contributions et des prestations en nature, les re- » gistres de l'état civil, et ceux des passeports et des » déclarations de domicile (1). » Tous ceux, ajoute avec raison notre auteur, qui savent comment les

(1) Voy. *Observations sur le recrutement de l'armée*, par M. J. DE PÉRIGNY, conseiller de préfecture du département de Loir-et-Cher. in-8o, 1830. Paris, chez SAUTELET. Voir la pag. 85.

communes rurales sont administrées, comprendront l'insuffisance de ces documents.

Ces exemples et ces considérations suffiront, j'espère, pour faire voir combien l'évaluation de la population de la ville de Paris, pour 1826, peut être inexacte (1), combien par conséquent celui qui a ordonné la manière de la faire était étranger à l'arithmétique politique, et pour faire naître plus d'un doute sur la précision des résultats qu'on a déduits de la proportion des décès dans Paris, pendant notre seconde période.

Ainsi, les rapports de la mortalité à la population, pour la période de 1817 à 1821, sont plus certains que ceux qu'on a établis pour la période de 1822 à 1826, *et il se pourrait, pour cette dernière, que les*

---

(1) Je sais bien qu'on regarde le rapport une fois établi du nombre moyen des naissances annuelles à la population, comme pouvant tenir lieu, quand celle-ci est considérable, d'un recensement, du moins dans les circonstances ordinaires ; mais en admettant que cela soit, ce que je ne saurais faire, si l'année 1825 était ordinaire, en était-il de même pour 1817 ? Comment n'a-t-on pas réfléchi que les circonstances politiques, et la cherté du pain, par suite de la mauvaise récolte de 1816, faisaient de l'année 1817, qu'on a prise pour règle, une année extraordinaire ?

Je n'ignore pas, cependant, qu'à Paris, où les arrivants paraissent avoir été beaucoup plus nombreux que les émigrants pendant les dix années du tableau précédent, si l'on évaluait de la même manière la population *totale* pour chacune d'elles, on verrait, qu'à l'exception de 1818, la population s'est continuellement accrue ; mais la marche de cet accroissement serait trouvée fort irrégulière, et, d'un autre côté, souvent interrompue par une diminution notable dans plusieurs arrondissements, surtout dans les 4e et 6e.

calculs eussent exagéré beaucoup l'amélioration qui semble résulter des chiffres (1).

Passons à présent aux décès dans les hôpitaux et hospices civils.

Leurs proportions respectives entre les divers arrondissements, sont établies d'après le nombre des indigents de chacun, qui, à l'époque précise du recensement de 1817, étaient dans ces asiles; d'après le nombre des décès qui ont eu lieu dans ces mêmes asiles pendant chacune des deux périodes, et d'après certaines autres considérations dont le détail serait ici peu utile (2). La marche suivie pour évaluer cette mortalité, résulte nécessairement de deux suppositions : l'une, que la proportion pour laquelle chaque arrondissement a concouru à la population des hôpitaux et hospices, relativement à sa population totale, n'a point varié ou n'a subi que des variations qui se compensent; et l'autre, que les décès qui ont eu lieu dans les hospices et hôpitaux civils, ont été, en définitive, pour chaque arrondissement, en raison du nombre des malades qu'il leur a fournis.

On conçoit que quelque bien connu que soit le nombre des morts dans les hospices et hôpitaux, on ne peut admettre comme positives des proportions établies sur de pareilles bases.

Néanmoins, en admettant ces proportions hypo-

---

(1) Le recensement qui vient de se faire des habitants de la ville de Paris, n'en porte le nombre qu'à

(2) V. dans le IVe vol. des *Recherches statistiques sur Paris*, le

thétiques, et en réunissant les décès dans les hospices et hôpitaux civils aux décès à domicile, le savant rédacteur des *Recherches statistiques sur Paris* a trouvé pour mortalité totale annuelle, savoir:

Arrondissements.	Période de 1817 à 1821. (1 sur ... habit.)	Période de 1822 à 1826. (1 sur ... habit.)
	45	52
	43	48
	38	43
	36	36
	35	41
	35	38
	34	42
	33	39
	33	34
	25	30
	25	28
	24	26
Pour les douze arrondissements réunis.	32 43	36 44

Ainsi donc, de quelque manière que l'on s'y prenne, le même résultat surgit toujours: c'est que la mortalité dans les divers arrondissements de Paris est, en général, en raison inverse de l'aisance de leurs habitants. On remarquera en effet ici, comme dans le tableau de la proportion des seuls décès à domicile, que les trois arrondissements qui présentent la plus faible mortalité sont justement ceux que nous avons reconnus pour être les trois plus riches, pour avoir le moins de pauvres, et que les trois arrondissements les plus chargés de décès se trouvent être les

trois plus pauvres, ceux qui comptent proportionnellement le moins de gens aisés.

Je ne m'arrêterai pas aux autres inductions que
l'on pourrait tirer du tableau de la mortalité totale
dans les divers arrondissements, la répartition que
l'on a faite entre eux des décès dans les hospices et
hôpitaux, étant, comme nous venons de le voir,
trop incertaine (1).

Il serait sans doute fort curieux de déterminer,
comme nous l'avons fait, toujours d'après l'observation, la mortalité de toutes les classes d'habitants
dont se compose la population de Paris, la mortalité
qui est particulière à tel ou tel genre de vie, à telles

---

(1). Dans un mémoire sur la mortalité envisagée dans ses rapports
avec la fortune, et dans lequel j'examine en détail pour les cinq années 1817 à 1821, la mortalité des 1er et 12e arrondissements; je
suis d'accord avec les *Recherches statistiques sur Paris*, pour les décès à
domicile de ces deux arrondissements, et même pour ceux qui ont lieu
dans les hospices et hôpitaux, aux dépens du 12e; mais j'ai trouvé,
non en estimant les décès dans ces asyles par la population qui, au
seul jour du recensement, était fournie par chaque arrondissement,
mais par les entrées et les décès de 365 jours de suite dans les hôpitaux
et hospices, constatés dans leurs rapports avec chaque arrondissement;
j'ai trouvé, dis-je, que la mortalité totale du 1er était de 1 sur 41,
31/100, au lieu d'être de 1 sur 45. (V. *Mém. de l'Acad. royale de
Méd.*, t. 1er, pag. 51 et suiv.) — Si l'on
Si l'on cherche l'influence différente de la richesse improductive et
de la richesse commerciale ou industrielle, sur la mortalité dans les
hôpitaux et hospices, comme nous l'avons fait pour la mortalité à
domicile, on trouve, en réunissant ces deux sortes de décès, que les
uns compensent les autres; mais comme il vient d'être dit, la répartition des décès dans les hospices et hôpitaux, n'ayant d'autre base que
la population d'un seul jour, on ne peut s'en autoriser.

ou telles habitudes, à l'habitation de tel ou tel
étage, etc. Mais les *Recherches statistiques sur Paris*
ne donnent les éléments de la solution d'aucun de ces
problèmes: seulement elles prouvent qu'à Paris, dans
l'état actuel et avec la police hygiénique actuelle, les
seules conditions qui influent bien sensiblement sur
la mortalité sont celles qui accompagnent nécessairement l'aisance ou la misère. L'aspect, l'exposition
des logements, le voisinage de la Seine, les vents
auxquels on est plus particulièrement exposé, et
même l'agglomération des maisons, la densité de la
population, toutes circonstances auxquelles les médecins font unanimement jouer un si grand rôle sur
notre santé, n'ont, nonobstant toutes les assertions,
du moins lorsque l'on considère les faits dans la
masse des habitants de chaque arrondissement de
cette capitale, aucune action évidente (je ne dis pas
réelle) sur la mortalité, l'effet de ces causes étant
masqué par celui de l'aisance ou de la misère.

Cette conclusion est le résumé de tous les faits que
l'administration de la ville de Paris a recueillis elle-
même (1).

---

(1) Ce n'est donc pas sans étonnement que j'ai lu textuellement
dans un Rapport qui fait partie du IVe volume des Recherches statistiques sur Paris, « que la mort moissonne bien plus dans les quartiers
» resserrés que dans ceux où l'air se renouvelle facilement, et qui re-
» çoivent les rayons bienfaisants du soleil. » (*Rapport sur les constructions dans Paris, de 1821 à 1826, etc.* ; v. la pag. 39 de ce rapport.)
Le 8e arrondissement d'une part, et d'autre part, les second, troisième
quatrième et septième justifient mon étonnement. Ajoutons que le préfet
du département de la Seine déclare expressément, en tête du Rapport

Mais s'il est vrai que les différences dans la mortalité entre les divers arrondissements de Paris soient principalement déterminées par les conditions de fortune, cette capitale doit offrir malheureusement bien d'autres faits semblables. Nous allons en chercher.

Ne pouvant séparer tous les gens aisés de tous les pauvres, de même que nous avons comparé les divers arrondissements municipaux, nous allons comparer quartier à quartier, rue à rue, et nous verrons si la grande différence que nous venons de reconnaître surgit également. Mais auparavant, je dois prévenir que ce n'est point dans les *Recherches statistiques sur la ville de Paris*, que j'ai trouvé les faits qu'on va lire; c'est dans d'autres documents également certains que l'on a mis à ma disposition. Prenons le neuvième arrondissement municipal, dont je retranche, comme on l'a fait pour tous, les hôpitaux, les prisons et les établissements militaires.

Comparons d'abord deux quartiers. Choisissons, par exemple, celui de l'Arsenal et l'île Saint-Louis.

D'après le recensement de 1817, l'île Saint-Louis est habité par 5,778 personnes, et le quartier de l'Arsenal, dont les habitants ont généralement moins d'aisance par 11,163. Il résulte d'un dépouille-

dont il s'agit, que l'administration ne donne aucun caractère public d'authenticité et de certitude précise aux détails qu'il renferme (p. 4).

ment que j'ai fait faire des feuilles mensuelles de mortalité, que pendant la période de quatorze années et huit mois, le nombre des seuls morts *à domicile*, a été de 3,638 pour le quartier de l'Arsenal, et de 1,668 pour l'île Saint-Louis; c'est-à-dire beaucoup moins de la moitié pour celle-ci, quoique sa population fasse plus de la moitié de celle du quartier de l'Arsenal (1).

Comparons maintenant la rue de la Mortellerie, l'une de celles où le plus de pauvres sont entassés dans des logements étroits, sales, obscurs et mal aérés, avec les quatre quais de l'île Saint-Louis, où, en général, les logements sont de spacieux appartemens et les habitants à leur aise. La population de la première est 4,267, et celle des quatre quais réunis 1,576. Nous trouvons pour résultats de sept années et onze mois 1,050 décès à domicile pour la rue de la Mortellerie, et 241 pour les quais de l'île Saint-Louis, c'est-à-dire, près de quatre fois et demie au-

---

(1) Je dois dire ici que les feuilles de mortalité dont le dépouillement m'a fourni ce résulat sont celles que M. le Maire du neuvième arrondissement envoie chaque mois à la Société de Médecine de Paris. Il en manque beaucoup à la collection; car celles qui m'ont servi, embrassent un espace effectif de dix-huit années commencées en 1806. Mais chacune d'elles offrant à la fois, pour le même mois, les renseignements qui concernent les quatre quartiers et toutes les rues, les rapports doivent être considérés comme sensiblement exacts, et il m'a suffi, pour avoir des résultats comparables, de connaître le nombre des feuilles sur lesquelles on a opéré, et de ramener tous les mois par le calcul, à la période qui résulterait du nombre total de ces feuilles, s'il n'en manquait pas une seule.

tant de décès pour la première que pour les seconds, quoique sa population ne soit pas à celle des quatre quais comme $2\frac{3}{4}$ est à 1; ou en d'autres termes, 1 décès annuel à domicile sur $52\frac{42}{100}$ habitants des quais de l'île Saint-Louis, et 1 sur $32\frac{68}{100}$ des habitants de la rue de la Mortellerie (1).

Déjà nous pouvons conclure que la mortalité de ces derniers est proportionnellement beaucoup plus forte que celle des habitants du douzième arrondissement, considérés en masse; puisque la moyenne annuelle des décès à domicile dans l'arrondissement dont il s'agit est de 1 individu sur 43, pendant la période de 1817 à 1821, au lieu de 1 sur $32\frac{68}{100}$.

Il m'est tout-à-fait impossible de connaître le nombre des habitants de la rue de la Mortellerie qui meurent dans les hôpitaux et hospices; mais la différence entre eux et les habitants des quais de l'île Saint-Louis paraît devoir être encore bien plus considérable, si nous avons égard à l'accroissement énorme de mortalité pour les pauvres par les décès dans les hôpitaux, et à ce que la population de la rue de la Mortellerie n'a que très peu de vieillards (2), et se

---

(1) La petite portion de la rue de la Mortellerie qui se trouve sur le quartier de l'Arsenal a été retranchée de tous ces calculs, qui sont établis d'après les feuilles mensuelles de la mortalité dans le neuvième arrondissement de la ville de Paris. Même observation ici que pour les résultats fournis par les quartiers de l'Arsenal et de l'île Saint-Louis considérés en masse : la période de sept ans et onze mois est calculée, à cause des feuilles qui manquent, car leur dépouillement comprend toutes celles de dix années commencées en 1814.)

(2) Il y avait, à l'époque du recensement de 1817, malgré la dif-

compose en outre, en très grande partie, d'ouvriers qui n'ayant pour tout domicile qu'une chambre chez les logeurs, qu'ils partagent entre dix ou vingt, vont toujours mourir dans les hôpitaux.

« Quelle ne doit donc pas être, se demande-t-on, la mortalité qui moissonne les malheureux habitants, tous ou presque tous pauvres, de la rue de la Mortellerie, quand nous voyons la mortalité générale du douzième arrondissement, où il y a un certain nombre de personnes aisées, être en définitive de 1 décès sur 24 à 26 habitants? Dire qu'elle est le double, sur une population donnée, de celle des habitants des quais de l'île Saint-Louis, ou bien des trois premiers arrondissements, serait peut-être rester au-dessous de la vérité.

« A tant de faits, qui sont tous unanimes, j'en ajouterai cependant d'autres.

« M. Benoiston de Châteauneuf, ayant relevé avec soin les décès à domicile des 1er et 12e arrondissements municipaux de Paris, et de trois de leurs rues principales, afin d'avoir des données sur la mortalité comparative de l'enfance dans ces quartiers, a

_____

(1) La jolie portion de la rue de la Mortellerie qui en regard sur rence de population, soixante-seize personnes âgées de plus de soixante-dix ans dans la rue de la Mortellerie, et jusqu'à soixante-huit sur les quais de l'île Saint-Louis. (Voyez les états de population des rues, qui sont à la Préfecture du département). Le nombre moyen des individus âgés de plus de soixante-dix ans est, à Paris, de 42 au moins sur 5,567 habitants, et au plus de 56 sur 7,376. (Voyez Recherches statistiques sur Paris, tom. 1er, tableau n° 8.

(2) Il y avait, à l'époque du recensement de 1817, malgré la dif-

lui-même dressé les tableaux suivants, qu'il a bien voulu tirer pour moi de son portefeuille.

DÉCÈS à domicile des enfants dans le 1er arrondissement municipal de Paris.

ANNÉES	DÉCÈS À DOMICILE de tous les âges ensemble (1).	De 0 d'âge à 1 an.	De 1 an à 3 ans.	De 3 ans à 5 ans.	De 5 ans à 10 ans.	Décès totaux des enfants.
1817	758	130	86	19	31	266
1818	787	132	114	29	22	297
1819	904	169	119	123	40	351
1820	863	143	64	29	21	257
1821	985	184	174	42	44	444
1822	1,135	177	139	57	50	423
1823	1,145	177	126	46	42	391
1824	1,097	137	142	25	48	398
	7,674	1,295	964	370	298	2,827
		0,17				0,37

(1) Ceux des prisons, des casernes, des hospices et des hôpitaux ont été retranchés.

DÉCÈS à domicile des enfants, dans les deux rues réunies du faubourg Saint-Honoré et du Roule, qui font partie du 1er. arrondissement.

ANNÉES.	DÉCÈS A DOMICILE de tous les âges ensemble.	De 0 d'âge à 1 an.	De 1 an à 3 ans.	De 3 ans à 5 ans.	De 5 ans à 10 ans.	Décès totaux des enfants
1817	141	14	7		5	26
1818	128	12	18	2	1	33
1819	141	26	17	6	7	56
1820	114	21	11	3	5	40
1821	145	22	20	8	6	56
1822	146	18	14	3	6	41
1823	136	23	13	10	5	51
	951	136	100	32	35	303
		0,14				0,32

DÉCÈS à domicile des enfants, dans le 12e arrondissement municipal de Paris.

ANNÉES.	DÉCÈS A DOMICILE de tous les âges ensemble	De 0 d'âge à 1 an.	De 1 an à 3 ans.	De 3 ans à 5 ans.	De 5 ans à 10 ans.	Décès totaux des enfants
1817	1,492	359	244	64	69	736
1818	1,639	405	286	70	57	818
1819	1,601	408	288	73	54	823
1820	1,633	400	230	65	47	742
1821	1,805	502	312	105	71	990
1822	1,935	460	393	94	79	1,026
1823	2,177	495	359	79	64	997
1824	1,702	494	253	58	49	854
	13,984	3,523	2,345	608	490	6,966
		0,25				0,50

DÉCÈS à domicile des enfants dans la rue Mouffetard, qui fait partie du 12ᵉ arrondissement.

ANNÉES.	DÉCÈS A DOMICILE de tous les âges ensemble.	De 0 d'âge à 1 an.	De 1 an à 5 ans.	De 5 ans à 5 ans.	De 5 ans à 10 ans.	Décès totaux des enfants.
1817	157	49	20	7	7	83
1818	187	58	30	10	7	105
1819	176	54	29	10	5	98
1820	160	60	27	12	5	104
1821	188	61	45	13	3	122
1822	187	64	42	8	9	123
1823	192	69	28	11	4	103
	1,247	406	22	71	40	738
		0,32½				0,59

De pareils faits doivent être rapportés sans réflexions. Je les résume.

1º Les décès depuis zéro d'âge jusqu'à un an ont fait les 0,17 des décès totaux dans le premier arrondissement de Paris; dans le douzième, où les habitants sont plus pauvres, les 0,25; dans les deux rues réunis du faubourg Saint-Honoré et du Roule, où les habitants sont en général encore plus à leur aise, et surtout plus grandement logés que la masse des habitants du premier arrondissement, les 0,14; et les 0,32 dans la rue Mouffetard, qui est une de celles où il y a le plus de pauvres.

2º Les décès des enfants morts entre la naissance et dix ans, ont fait les 0,37 des décès totaux dans le premier arrondissement, les 0,50 dans le douzième, les 0,32 dans les rues du Roulé et du faubourg Saint-Honoré, et les 0,59 dans la rue Mouffetard.

3o Enfin, pour les dix premières années de la vie, la proportion des morts a été, eu égard au nombre total des décès de tous les âges ensemble, presque double dans la rue Mouffetard de ce qu'elle a été dans les rues du faubourg Saint-Honoré et du Roulé; et sur un nombre donné de décès totaux (toujours à domicile), les seuls enfants de zéro d'âge en ont fourni autant dans la rue Mouffetard que tous les enfants de zéro d'âge à dix ans dans les deux autres rues.

Sans doute, on pourra supposer que des causes irrégulières ou accidentelles, des effets desquels il est bien difficile de se rendre compte, ont contribué à rendre les différences considérables, et qu'il en est d'autres aussi qui agissent dans le même sens, et qui, quoique constantes, sont fort mal appréciées. Mais toujours est-il qu'il faut reconnaître l'heureuse influence de la fortune ou des avantages qu'elle procure, dans les résultats du premier arrondissement, surtout dans ceux des rues du Roulé et du faubourg Saint-Honoré, et l'action de la misère, de ses besoins, de ses privations, dans le douzième arrondissement, et plus particulièrement encore dans la rue Mouffetard.

Je crois qu'il serait inutile d'ajouter de nouveaux faits à tous ceux qui précèdent; pourtant j'en veux citer encore d'autres, qui éclairent l'influence différente de l'aisance et de la misère dans les grandes villes.

D'après l'excellente topographie de Nîmes, par Vincent et Baumes, des quatre paroisses qu'il y avait dans cette ville avant la révolution française, c'était dans celles de Saint-Castor et de Saint-Charles, surtout dans la première, que l'on comptait, proportion gardée, le plus d'habitants vivants dans l'aisance, et il y en avait moins dans les paroisses de Saint-Paul et de Saint-Baudile, principalement dans celle de Saint-Paul. D'après le même ouvrage encore, la mortalité moyenne annuelle aurait été dans ces quatre paroisses, depuis 1770 jusqu'à 1783, savoir :

Dans celle de Saint-Castor, d'une personne sur 25, 5.
     Saint-Charles,   25, 4.
     Saint-Paul,   24, 2.
     Saint-Baudile,   23, 8.

Ainsi, ce sont les deux paroisses qui avaient le plus d'habitants vivant dans l'aisance, qui nous offrent le moins de morts (1). C'est donc comme à Paris.

Enfin Odier, l'un des citoyens de Genève les plus utiles comme les plus savants, ayant partagé cette ville en quatre parties, le haut, le bas, les rues en pente, et le quartier Saint-Gervais, a trouvé, il est vrai pour un petit nombre d'années, qu'il ne fait point d'ailleurs connaître, « la probabilité de vie (qui

---

(1) V. *Topographie de la ville de Nîmes et de sa banlieue.* in-4° 1802. Voir les pag. 125 et 126. On lit encore en plusieurs endroits du volume, des faits qui tendent à confirmer, quoiqu'indirectement, l'ordre assigné aux quatre paroisses pour l'aisance des habitants.

» est toujours grande quand la mortalité est faible,
» *et vice versá*); beaucoup plus grande dans le haut
» de la ville, et plus considérable là que dans les vil-
» lages les plus sains. Dans le bas de la ville, malgré
» l'humidité apparente de ce quartier, malgré ses
» longues et obscures allées qui traversent des rues
» couvertes, et qui condamnent un très grand nom-
» bre de maisons à n'avoir de fenêtres que sur des
» cours étroites et mal aérées; elle était (la vie pro-
» bable) encore très grande. Dans les rues en pente
» elle était à la vérité inférieure à celle du haut et
» du bas de la ville, mais très supérieure à celle qui
» avait lieu pour le quartier Saint-Gervais, qui est
» cependant presque entouré d'eau courante, et tra-
» versé par de grandes et belles rues bien per-
cées (1). »

On regrette que l'auteur ait omis d'indiquer la
longueur de la vie, qu'il avait trouvée pour chaque
quartier. Mais il ne résulte pas moins des renseignements que plusieurs Genevois ont bien voulu me
donner, qu'ici l'accroissement de la longueur de la
vie est en raison directe de la proportion des gens
riches ou bien aisés qui habitaient chaque quartier.

Qu'il me soit permis, en terminant, de faire,
pour Paris, à l'aide d'une document authentique
dont la date remonte au commencement du XIV sie-

(1). V. *Bibliothèque britannique*, tome IV, de la série intitulée :
Sciences et arts, pag. 309 et 310. Les observations d'Odier ont été
recueillies avant l'année 1797.

cle, sous le règne de Philippe-le-Bel, une application à l'époque reculée dont il s'agit.

Je dois la connaissance du document curieux dont
je parle à M. Villot. C'est le registre d'un impôt
levé sur les gens *taillables* de Paris, lorsque Philippe-le-Bel arma chevalier son fils aîné, qui lui succéda
sous le nom de Louis X, dit le Hutin (1).

On y voit que sur 6045 imposés 232 moururent
dans l'intervalle de l'imposition de la taille à l'a-
chèvement du travail de répartition, qui commença
entre Noël 1313 et le 1ᵉʳ janvier 1314, et dura en
tout 177 jours.

Comme Louis X fut fait chevalier avec ses frères
le jour de la Pentecôte, 1313 (2), on peut supposer
que le nombre des morts est celui de 13 mois à 13
mois et demi. Mais, pour qu'on ne puisse m'accuser
d'en exagérer la proportion, supposons que ce nombre est celui de 14 mois. Il faut donc ici, pour ramener les décès à leur proportion annuelle, en re-
trancher les $\frac{2}{14}$, ce qui les réduit à 199, c'est-à-dire
à 1 sur 30 $\frac{36}{199}$.

Remarquons que ces 199 décès portaient sur des
individus dont aucun n'était dans l'indigence, et
dont les âges probables devaient être communément

_____

(1) Ce manuscrit appartient à la Bibliothèque royale, où il est sous
le numéro 178, 31 du Supplément de 1821. Il est intitulé, *C'est le
livre de la taille de mile livres deus au Roy nostre sires pour la cheva-
lerie le Roy de Navarre, son aisné fils aisné en la meson Estienne
Barbete en Grève*, &c. *L'an de grâce 1313*.

(2) V. *Histoire de la ville de Paris*, par Dll. Félibien et Lobineau,
tom, 1, pag. 523.

compris entre 26 et 66 ans; ce qui donne pour âge moyen environ 46 ans. Ainsi qu'on peut le lire dans le manuscrit, ces individus étaient des maîtres de métiers, des marchands, des fabricants, des maîtres aubergistes, des maîtres orfèvres, des maîtres maçons, des maîtres tapissiers, des merciers, des épiciers, des bouchers, des brasseurs, des marchands de vin, de blé, de draps, etc., en un mot, des chefs de maison qui seraient tous patentés aujourd'hui, c'est-à-dire, des gens dont la mortalité devait être faible relativement à la mortalité générale des individus des mêmes âges.

Or, d'après la loi de la mortalité en France de M. Duvillard, loi qui dans l'état actuel des choses exagère beaucoup la proportion des décès, ce n'est pas avant l'âge de 55 ans qu'il meurt par année un individu sur 30.

Par conséquent, quelque supposition un peu vraisemblable que l'on fasse, relativement à l'âge des 604 individus qui ont fourni les 232 décès en 14 mois, au commencement du XIVe siècle, le document officiel qui m'a donné ces nombres tend à prouver, d'accord avec tous les faits bien connus, que la mortalité était alors beaucoup plus forte dans Paris qu'au XVIIe ou XVIIIe siècle, et surtout qu'à l'époque actuelle.

Qu'on n'élève point de doute sur cette conclusion; les années 1313 et 1314 ne sont pas signalées dans l'histoire de notre pays comme des années fatales, et les noms des 232 décédés que j'ai comptés, sont rangés à la fin du manuscrit, comme ils le sont dans les listes de la taille, paroisse par paroisse, rue par rue, d'après des états que les curés des paroisses avaient eux-mêmes dressés.

Si des faits que je viens de constater il fallait conclure approximativement ou autant qu'il serait donné de le faire, la mortalité générale annuelle dans Paris, au commencement du XIVe siècle, je dirais qu'elle ne devait pas être moindre que le 20e ou le 22e de la population totale, tandis qu'elle n'a été dans ces derniers tems, en numérant les décès à domicile avec ceux des hôpitaux et hospices, ainsi que cela est rendu évident par les recherches statistiques sur cette capitale, que d'une personne sur au moins 32. Par conséquent, la mortalité des habitants de Paris pris en masse n'aurait pas été moindre, peut-être, au commencement du XIVe siècle, qu'elle n'est aujourd'hui pour les habitants si misérables de la rue de la Mortellerie.

Mais, me dira-t-on, comment admettre une aussi épouvantable destruction, dans un climat salubre comme l'est celui de Paris? J'avoue que si, pour cela, je n'avais que le livre de la taille de 1313, je me serais gardé de faire à cette époque reculée une application des faits qui se trouvent consignés dans le livre dont il s'agit. Mais les relations du temps nous apprennent combien l'hygiène publique était alors négligée et qu'à Paris, en particulier, on ne pouvait supporter l'horrible puanteur des rues, tant elles étaient encombrées de boue, de fumier, d'excréments et d'immondices de toutes sortes (1).

_____

(1) Voir surtout dans le *Traité de la Police* par Delamare, les pages 170 et 202, du tome supplémentaire ou IVe.

Et, dans tous les cas, il faut bien reconnaître (beaucoup d'autres faits le prouvent encore) que les plus simples citoyens d'aujourd'hui, les artisans par exemple, sont, pour la pluspart, mieux partagés sous le rapport de l'air dans cette capitale, et sous celui des aisances qui conservent la vie, que ne l'étaient jadis les gens bien plus riches qu'eux.

Le développement de la civilisation a donc eu pour effet, en changeant l'air infect qu'on respirait dans Paris, en air pur, en remplaçant la grossière ignorance du peuple par de l'industrie, en procu-

_____

Le nettoiement des rues et l'entretien du pavé paraissent avoir été négligés de plus en plus, depuis 1285 jusqu'en 1388, que le prévôt de Paris fixa des amendes contre ceux qui mettaient dans les rues des fuerres, fiens, boes, cureures, etc. (Voir la pag. 202 du vol. précité du Traité de la police.)

On aura d'ailleurs une idée de la malpropreté de Paris vers la fin du 14e siècle, par les propres mots d'une Ordonnance de Charles VI, rendue en 1388 :

« Es pavemens des chauciées qui y sont (dans Paris), lesquels
» sont moult empiriez et tellement decheuz en ruine et domagiez
» qu'en plusieurs lieux l'en ne peult aler à cheval ne à charroy, sans
» très grant périls et inconveniens....; et avec ce icelle ville a esté
» tenue long-temps, et encore si orde, et si plaine de boës, fiens,
» gravois et autres ordures que chacun a laissié et mis communément
» devant son huis....; que c'est grant horreur et très grant déplaisir
» à toutes personnes de bien et d'honneur; et sont ces choses en très
» grant esclande, vitupere, et deshonneur d'icelle ville, et au grant
» grief ou préjudice des créatures humaines demourans et fréquen-
» tans en nostre dite ville, qui par l'infection et punaisie desdites
» boes, fiens et autres ordures, sont encourues ou temps passé en
» briefs maladies, mortalitez et infirmitez de corps, etc., etc. » (V.
tom. IV du Traité de la Police précité, pag. 170.)

rant les choses nécessaires à la vie à un bien plus grand nombre d'habitants, en diminuant leur misère, de réduire considérablement leur mortalité.

C'est ainsi que toujours une amélioration sociale est pour les hommes la source d'une santé plus vigoureuse, et d'une vie communément plus longue.

Ainsi donc, tous les faits se confirment, se prouvent les uns par les autres, démontrent la même vérité et conduisent à une même conclusion.

Je prie le lecteur de rapprocher ceux qu'il vient de lire des faits que renferment trois mémoires précédemment publiés dans nos *Annales*, l'un sur la *mortalité dans les prisons*, l'autre sur la *taille de l'homme en France*, le troisième sur la *durée moyenne des maladies aux différents âges*; et, enfin, des curieuses recherches de M. Benoiston de Châteauneuf qui ouvrent le dernier cahier.

C'est en présence de tous ces renseignements, si nombreux, si positifs, si unanimes, qu'il comprendra (malgré tout ce qu'on dit dans le monde), que la santé des pauvres est toujours précaire, leur taille moins développée, et leur mortalité excessive, en comparaison du développement du corps, de la santé et de la mortalité des gens mieux traités de la fortune, ou en d'autres termes, que l'aisance, la richesse, c'est-à-dire les circonstances dans lesquelles elles placent ceux qui en jouissent, sont véritablement les premières de toutes les conditions hygiéniques.

TABLEAU de l'Examen du mouvement de la Population de la ville de Paris.

	PÉRIODE DE 1817 À 1821.			PÉRIODE DE 1822 À 1826.	
ARRONDISSEMENS.	POPULATION totale de 1817 au jour du recensement.	Même population augmentée de celle des hôpitaux au jour du recensement (1).	Nombre moyen annuel des décès à domicile.	POPULATION totale non recensée, mais évaluée en 1826 (2).	Nombre moyen annuel des décès à domicile.
1er	52,421	50,065	859	72,101	1,052
2	65,523	6?,352	1,049	78,659	1,111
3	44,932	42,769	713	54,167	773
4	46,624	46,964	806	51,793	843
5	56,871	55,546	1,046	78,569	1,203
6	72,682	72,227	1,346	90,481	1,564
7	56,245	55,421	1,074	73,963	1,226
8	62,758	61,095	1,425	79,375	1,794
9	42,932	41,513	953	57,795	1,119
10	81,133	70,486	1,419	90,623	1,603
11	51,766	50,651	985	65,743	1,065
12	80,079	69,971	1,642	97,222	1,970
TOTAUX	713,966	682,059	13,319	899,431	15,233
...pitaux et Hospices civils.			7,716		8,328
...sons, Hôpitaux militaires et Morgue.			1,283		985
TOTAUX.			22,316		24,546

(1) Cette dernière étant répartie par le présent tableau dans les divers arrondissemens qui l'ont fournie, est diminuée de celles des hospices, prisons civiles et établissemens militaires, à laquelle sont rapportés les décès à domicile.

(2) À l'aide des suppositions indiquées dans ce mémoire.

TABLEAU

RELATIF A LA POPULATION

Considérée dans ses rapports avec la superficie du sol,

ET AVEC LE NOMBRE DES MAISONS ET MÉNAGES

DANS LA VILLE DE PARIS,

ARROND.	Total des Arrondissemens.	SUPERFICIE en 1817, des				Nombre total des Maisons en 1817.
		Bâtimens,	Rues et Places.	Rivières et Ruisseaux.	Terrains Jardins, etc.	
	hectares.	hectares.	hectares.	hectares.	hectares.	
1.	594,28	338,19	116,18	27,50	112,41	1984
2.	233,42	176,06	36,78	» »	20,58	2344
3.	126,22	69,80	14,47	» »	41,95	1435
4.	51,63	30,57	16,08	4,98	» »	2052
5.	233,12	106,16	37,07	» »	89,89	1973
6.	148,53	92,61	29,42	» »	26,50	2526
7.	72,37	59,68	11,09	1,60	» »	2495
8.	634,28	293,98	99,46	11,14	229,30	2539
9.	118,94	70,71	17, »	26,13	5,10	1668
10.	553,69	294,02	140, »	38,24	81,43	2505
11.	209,55	115,40	42,02	5,97	46,16	2152
12.	463,65	296,17	83,60	19, »	64,88	328
	3439,68	1943,35	643,17	134,65	718,20	26,801

Défauts constatés sur le document original

Contraste insuffisant ou différent, mauvaise qualité d'impression

Insuffisant contrast or different, and printing quality